Mettez en pratique les valeurs de la spiritualité et sauvez le monde

Discours prononcé par
Sri Mata Amritanandamayi

A l'occasion de la cérémonie
d'inauguration des célébrations en
l'honneur du 150ème anniversaire de la
naissance de Swami Vivekananda

Sirifort Auditorium, New Delhi
Le 11 janvier 2013

Mata Amritanandamayi Center,
San Ramon, CA 94583, États-Unis

Mettez en pratique les valeurs de la spiritualité et sauvez le monde

Publié par :
  Mata Amritanandamayi Center
  P.O. Box 613
  San Ramon, CA 94583
  États-Unis

Practice Spiritual Values and Save the World (French)

Copyright © 2013, Mata Amritanandamayi Mission Trust, Kérala, Inde

Tous droits réservés. Aucune partie de cette publication ne peut être enregistrée dans une banque de données, transmise ou reproduite de quelque manière que ce soit sans l'accord préalable et la permission expressément écrite de l'auteur.

En France : www.ammafrance.org

En Inde :
  www.amritapuri.org
  inform@amritapuri.org

रक्षा मंत्री
भारत
MINISTER OF DEFENCE
INDIA

Préface

Parmi les apôtres de la renaissance spirituelle et culturelle de l'Inde au 19ème siècle, Swami Vivekananda fut sans conteste le plus grand. C'est avec respect et fierté que nous nous rappelons la noble mission à laquelle le sage indien s'était consacré : répandre le message de la fraternité universelle, de l'harmonie entre les religions et de la coexistence pacifique entre les communautés et les nations. La religion est une grande force unificatrice et toutes les religions sont nées avec les nobles idéaux suivants : apporter à tous la lumière de la connaissance, le progrès social et la Réalisation du Soi. Swami Vivekananda en était conscient et telles étaient les idées qu'il défendait. Certes, les voies diffèrent, mais le but ultime est le même. Il existe donc un rythme commun inhérent aux religions, qui sont profondément enracinées dans l'amour, la compassion et la dévotion. Une fois que nous avons compris le cœur de cet idéal et que nous modelons notre vie en accord avec les enseignements exposés au travers des religions, nous ne pouvons pas faire autrement que respecter tout individu, quelles que soient sa caste, sa croyance et son origine. L'amour et la sollicitude pour nos frères humains est le mantra qui répand la paix et l'harmonie.

Swami Vivekananda, orateur de talent dont la présence exaltait les foules, devint le symbole universel d'un enthousiasme passionné. Son message était celui de la spiritualité de l'Inde, la quintessence de la philosophie indienne, simplifiée et adaptée de façon à bénéficier au monde entier. Il enseignait la religion qui mène au-delà de la peur et exhortait la jeunesse à s'éveiller, à se mettre en route et à ne pas s'arrêter avant d'avoir atteint le but ultime.

Mata Amritanandamayi Dévi, familièrement connue dans le monde entier sous le nom d'Amma, paye un fervent hommage à

Préface

Swami Vivekananda à l'occasion du 150ème anniversaire de sa naissance. Amma explique l'essence de l'enseignement de Swami Vivekananda, tout en l'illustrant d'exemples tirés de la vie quotidienne. Amma nous exhorte à cultiver la pureté intérieure et la vitalité, à garder nos valeurs, à nous laver de la boue de cruauté qui recouvre nos cœurs, à assimiler les fruits de notre antique culture, de notre savoir, à suivre la voie du *dharma* et à mener une vie riche de sens, en transcendant la peur. Comme Swami Vivekananda, Amma nous encourage à faire des efforts pour découvrir la puissance infinie qui demeure en nous. Amma nous incite également à préserver la nature et l'équilibre écologique pour le bien commun.

Il est inutile de présenter Amma. J'ai fait sa connaissance au milieu des années 90, alors que j'étais Premier Ministre du Kérala et c'est alors que notre coopération a commencé. Les œuvres sociales mises sur pied par Amma, son engagement au service de la société et en particulier des plus pauvres, qu'elle aide et console, tout cela m'intéresse et me touche profondément.

Mettez en pratique les valeurs de la spiritualité et sauvez le monde

Amma a énormément contribué à promouvoir l'éducation et la santé. Amma répand l'évangile de l'amour et de la fraternité universelles, un message acclamé dans le monde entier. Amma est donc sans aucun doute la personne la plus qualifiée pour rendre un vibrant hommage à Swami Vivekananda en ce jour du 150ème anniversaire de sa naissance.

A. K. Antony, Ministre de la défense, Inde

(A.K. Antony)

| | Om Amriteshwaryai Namah | |

Introduction

Le 12 janvier 2013 a marqué le 150ème anniversaire de la naissance de Swami Vivekananda, le dynamique *sannyasi* de Calcutta, célèbre pour avoir apporté en Occident le flambeau de la spiritualité indienne et pour avoir inspiré des réformes religieuses et un renouveau spirituel dans sa terre natale. Ce jour anniversaire a été le point de départ de fêtes réparties sur une année entière et sur tout le territoire de l'Inde, du Cachemire à Kanyakumari, du Gujarat à l'Orissa. Comme Swami Vivekananda lui-même avait parcouru le monde, ces célébrations furent organisées non seulement en Inde, mais dans le monde entier.

Le 11 janvier 2013, le comité Swami Vivekananda Sardhashati Samaroh a organisé une cérémonie à l'auditorium Sirifort de New Delhi pour inaugurer cette année de commémorations. Les membres du comité ont demandé à Sri Mata Amritanandamayi Devi, notre

Mettez en pratique les valeurs de la spiritualité et sauvez le monde

Amma bien-aimée, de prononcer le discours inaugural. L'auditorium Sirifort était comble, l'élite de l'Inde y était rassemblée : politiciens, réformateurs sociaux, éducateurs, chefs spirituels, dirigeants religieux et bien d'autres ayant consacré leur vie à l'Inde et à son émergence.

Amma commença son *satsang* en faisant l'éloge de Swami Vivekananda, un être qui personnifiait la pureté intérieure et la vitalité en action, un être dont la vie et le message ont le pouvoir d'allumer la flamme de la spiritualité dans les cœurs humains. Toutefois, Amma fit vite remarquer que pour elle, l'Inde était tombée bien au-dessous de l'idéal que Vivekananda envisageait pour son pays. « Nous avons peut-être appris à voler comme des oiseaux et à nager comme des poissons, mais nous avons oublié comment vivre comme des êtres humains, dit Amma. Il semble qu'il nous faille réapprendre. Comment y parvenir ? Ce n'est possible qu'en examinant ce que nous sommes. Il nous faut pratiquer l'auto-analyse. Pourquoi ? Parce que l'origine des problèmes que nous voyons dans le monde ne se trouve ni dans l'espace, ni dans le vent, ni dans les saisons, ni dans la nature ou dans les animaux. L'origine des problèmes, c'est nous, les êtres humains, c'est notre mental. »

Et pendant les quarante minutes qui ont suivi, Amma a pointé du doigt la source des multiples problèmes de l'Inde : ses citoyens ont négligé de chérir et de préserver leur ancienne culture, leur tradition spirituelle ; ils ont négligé de fonder leur vie sur les valeurs universelles dans lesquelles s'enracine cette culture. Les paroles d'Amma étaient directes et n'avaient rien d'une apologie. « En vérité, c'est nous-mêmes qui sommes à l'origine de la plupart des difficultés que rencontre le *Sanatana dharma*. Nous aurons beau blâmer les autres et invoquer les effets de la mondialisation, de l'occupation étrangère et d'autres religions, qui ont, certes, peut-être une part de responsabilité dans la situation actuelle, il n'en reste pas moins que la cause première est ailleurs. La cause première, c'est notre négligence : nous avons négligé de chérir et de protéger la richesse inestimable que cette culture constitue. Pour être plus précis : nous n'en avons pas eu le courage. Nous avons nous-mêmes creusé la tombe dans laquelle cette culture, au savoir si vaste et si ancien, risque d'être enterrée. »

Mettez en pratique les valeurs de la spiritualité et sauvez le monde

Certes, le tableau dressé par Amma était souvent sombre, mais son discours n'avait pourtant rien de fataliste. « Il n'est pas encore trop tard, dit Amma ; si nous essayons sincèrement, nous pouvons encore faire revivre ce *dharma*. Comment peut-on protéger le *dharma* ? Uniquement en l'observant, en le suivant. Une culture ne peut survivre que par l'observance et la pratique. »

En réalité, le discours d'Amma était l'esquisse d'une réforme de l'Inde, une ébauche qui prend en compte la nécessité d'une transformation holistique, sans omettre de mentionner des points clés tels que le manque de conscience spirituelle chez les jeunes Indiens, le besoin de protéger l'environnement et les ressources naturelles, de promouvoir la tolérance interreligieuse, de préserver les esprits encore trop impressionnables des jeunes enfants d'images trop explicites, d'encourager les jeunes et les adultes à développer la compassion et une attitude de service.

Amma termina son discours par une prière : « Il faut que l'Inde se lève. Il faut que la voix de la connaissance, de la réalisation du Soi et les paroles prononcées naguère par nos *rishis*

Introduction

(sages) soient de nouveau entendues et retentissent dans le monde entier. Pour y parvenir, il nous faut œuvrer ensemble, dans l'unité.

Puisse ce pays, qui enseigna au monde le véritable sens du mot « acceptation » demeurer fermement établi dans cette vertu. Puisse la conque du Sanatana dharma résonner, annonçant solennellement une renaissance dont les effets soient ressentis dans le monde entier. Swami Vivekananda est apparu, tel un arc en ciel, à l'horizon de l'humanité pour nous aider à comprendre la beauté et la valeur d'une vie d'action conjuguée à la compassion et à la méditation.

Ainsi, puisse le splendide rêve d'amour, d'intrépidité et d'unité que nourrissait Swami Vivekananda devenir une réalité. » Des tonnerres d'applaudissements saluèrent la fin du discours. Tout le monde dans la salle avait compris qu'un être incarnant la culture même de l'Inde venait d'offrir au pays une ordonnance pour sa guérison. Le plan de la réforme nous a été fourni. A nous maintenant de la mettre en œuvre.

Swami Amritaswarupananda Puri
Vice-président Mata Amritanandamayi Math

Mettez en pratique les valeurs de la spiritualité et sauvez le monde

Amma se prosterne devant vous tous ici assemblés, qui êtes tous des incarnations de l'amour pur et de la conscience suprême. Amma souhaite d'abord exprimer la joie profonde qu'elle ressent de pouvoir participer aux célébrations en l'honneur du 150ème anniversaire de la naissance de Swami Vivekananda. Dans 150 ans, la vie et le message de Swami Vivekananda revêtiront encore la même importance qu'aujourd'hui. Sa vie et son message seront encore source d'inspiration parce que Swami Vivekananda était un être dont le caractère était une combinaison parfaite de pureté intérieure et de vitalité. « Prenez une idée. Faites de cette idée votre vie : pensez-y, rêvez-y, vivez en elle. Que votre cerveau, vos muscles, vos nerfs et chaque cellule de votre corps soit imprégné de cette idée et abandonnez toutes les autres. Telle est la voie de la réussite, c'est ainsi que naissent les géants de la spiritualité. » Voilà l'appel lumineux que Swami Vivekananda a lancé au monde.

Ses paroles ont le pouvoir d'éveiller le potentiel spirituel inhérent à l'humanité, de l'enflammer et de transformer cette flamme en incendie de forêt. Le monde actuel place sa foi dans la satisfaction immédiate, nous cherchons constamment l'herbe plus verte que nous apercevons chez le voisin. Si nous contemplons les paroles de Swami Vivekananda, elles peuvent contribuer à créer une transformation pacifique et cependant formidable, une véritable révolution spirituelle. Il ne s'agit pas d'une révolution extérieure, mais d'une révolution intérieure, fondée sur les valeurs.

D'un point de vue matériel, l'humanité progresse, elle conquiert des sommets. L'humanité a réussi aujourd'hui à accomplir des exploits qui paraissaient autrefois impossibles, inimaginables. Cependant, aucune de ces réussites n'a le pouvoir d'enlever une parcelle de la boue de cruauté qui s'est accumulée dans le cœur des êtres humains. Cette boue est devenue si épaisse qu'elle a conduit l'humanité au bord du désastre.

Nous avons peut-être appris à voler comme

Discours prononcé par Sri Mata Amritanandamayi

des oiseaux et à nager comme des poissons, mais nous avons oublié comment un être humain digne de ce nom doit vivre, dit Amma. Il semble qu'il nous faille réapprendre. Comment y parvenir ? Ce n'est possible qu'en examinant ce que nous sommes. Il nous faut pratiquer l'auto-analyse. Pourquoi ?

Parce que l'origine des problèmes que nous voyons dans le monde ne se trouve ni dans l'espace, ni dans le vent, ni dans les saisons, dans la nature ou dans les animaux. L'origine des problèmes, c'est nous, les êtres humains, c'est notre mental.

Il est dans la nature humaine de créer des problèmes et de s'agiter ensuite dans tous les sens pour essayer de les résoudre. Aujourd'hui, nous possédons des connaissances mais nous n'avons aucune conscience. Nous avons des informations, mais aucun discernement (*viveka*[1]). Nous savons, certes, que nous possédons une tête, mais c'est seulement quand nous avons la migraine que nous en prenons conscience. Vous connaissez sans doute l'histoire de l'homme qui

---

[1] *viveka* : la capacité de discerner (entre l'éternel et l'éphémère) et de juger correctement

avale une cuillerée de son médicament, mais ensuite remarque la mention : « Bien secouer avant usage ». Il comprend alors qu'il n'a pas bien suivi le mode d'emploi et réfléchit un moment. Puis il se met à sauter en l'air et à s'agiter autant qu'il peut. Comme cet homme, il nous arrive souvent de vouloir corriger nos erreurs une fois qu'il est déjà trop tard.

En vérité, c'est nous-mêmes qui sommes à l'origine de la plupart des difficultés que rencontre le *Sanatana dharma*. Nous aurons beau blâmer les autres et invoquer les effets de la mondialisation, de l'occupation étrangère et d'autres religions, qui ont, certes, une part de responsabilité dans la situation actuelle, il n'en reste pas moins que la cause première est ailleurs. La cause première, c'est notre négligence : nous avons négligé de chérir et de protéger la richesse inestimable que constitue cette culture. Pour être plus précis : nous n'en avons pas eu le courage. Nous avons nous-mêmes creusé la tombe dans laquelle cette culture, au savoir si vaste et si ancien, risque d'être enterrée.

Il n'est pas encore trop tard. Si nous essayons sincèrement, nous pouvons encore faire revivre ce *dharma*. Comment peut-on protéger le *dharma* ? Uniquement en l'observant. Une culture ne peut survivre que par l'observance et la pratique.

Amma ne vous demande pas de vous livrer à d'intenses pratiques spirituelles mais de mettre en pratique un peu de ce *dharma*, selon vos possibilités. Le Seigneur Krishna a dit : « À suivre ce chemin, on ne perd rien. Si vous mettez en pratique ne serait-ce qu'un peu de ce *dharma*, vous parviendrez à transcender vos peurs les plus profondes. » [2]

La voie du *dharma* est la seule au monde où l'on ne risque pas d'échouer. Il n'existe pas de peur plus grande que celle de la mort. Ayons le courage de protéger l'héritage qui nous vient des temps védiques en nous imprégnant de sa sagesse, qui nous enseigne comment transcender même la peur de la mort. La pensée « J'en suis incapable » doit céder la place à « C'est la pure Conscience, c'est le Soi qui agit à travers moi ». Cela est important, surtout chez les

---

[2] nehabikramanaso´sti pratyavayo na vidyate svalpamupasya dharmasya trayate mahato bhavat

Bhagavat-Gita, 2.40

Discours prononcé par Sri Mata Amritanandamayi

jeunes, car ce sont eux qui transmettront notre héritage aux générations futures.

« Quelques personnes (hommes ou femmes) sincères, énergiques, et qui y mettent tout leur cœur, peuvent accomplir plus en un an qu'une foule en un siècle. » Rappelez-vous ces paroles de Vivekananda. Il a dit aussi : « La terre appartient aux héros. Ceci est la pure vérité. Soyez des héros. Affirmez toujours « Je n'ai pas peur ». Dites-le à tous. La malédiction de la communauté hindoue, aujourd'hui, c'est la peur, la peur des Hindous de pratiquer leur religion.

Nous avons oublié *Veda Mata*, *Desha Mata*, *Deha Mata*, *Prakriti Mata* et *Jaganmata*[3], et la peur nous a plongés dans des abîmes de ténèbres. Toutefois, l'essence du *Sanatana Dharma*, c'est l'absence de peur. La peur fait de nous des morts vivants ; elle affaiblit la puissance de nos actions. Elle rend notre mental esclave de l'égoïsme et de la méchanceté. La source de cette peur, c'est le sentiment : « Je suis faible ».

---

[3] Les cinq Mères : les *Védas*, le pays natal, la mère biologique, la Nature et la Terre.

Ce sentiment vient de l'incompréhension de la puissance infinie qui demeure en nous.

Un camion traversait un jour un village quand soudain le moteur prit feu. Le conducteur sauta rapidement de son siège et chercha aussitôt une cabine de téléphone pour appeler les pompiers. Mais quand ils arrivèrent, tout l'avant du camion avait déjà brûlé. Quand ils soulevèrent la bâche pour voir ce que le camion transportait, ils furent surpris de découvrir un chargement d'extincteurs ! Si le chauffeur avait su ce qu'il transportait, le désastre aurait pu être évité.

Ainsi, la peur nous empêche souvent de prendre conscience de la puissance latente qui est en nous. Sous l'effet de la peur, notre mental se rétrécit, se flétrit. Il devient pareil à un puits desséché. La peur limite notre monde à une petite cellule de ténèbres, comme l'univers d'une tortue qui se réfugie dans sa carapace à la vue d'un prédateur. Notre mental devient gros comme une tête d'épingle. Nous perdons notre *atma shakti*[4]. Un mental qui ignore la peur, en revanche, est aussi vaste que le ciel.

Cependant, Amma ne considère pas la peur comme superflue. Elle possède une fonction naturelle et utile. Si par exemple la maison prend feu, il serait stupide de manifester de l'intrépidité et de rester à l'intérieur. Amma nous incite simplement à ne pas devenir esclaves de la peur. La naissance et la mort sont des événements importants de la vie. Ils se produisent sans notre permission et sans prendre en compte aucun de nos besoins. La vie est comme un pont, dont les extrémités sont la naissance et la mort ; elles supportent le pont et constituent son assise. Nous n'avons aucun contrôle sur ces deux éléments essentiels, la naissance et la mort, soutiens de la vie. Nous en ignorons tout. Alors comment pouvons-nous logiquement déclarer que la partie centrale, que nous appelons « la vie », nous appartient ?

Ainsi, l'enfance, l'adolescence, la jeunesse et la vieillesse ne nous demandent pas la

---

[4] Mot à mot : « la puissance du Soi. » Ces termes désignent la confiance et la force intérieure que l'on retire de la compréhension de notre vraie nature, qui est immortelle et sans limite aucune.

permission de venir et de partir. Elles se produisent, voilà tout. Reconnaissons cette vérité et accomplissons des actes qui élèvent notre âme et bénéficient à l'ensemble de la société.

Swami Vivekananda a dit : « Puisque la mort est certaine, mieux vaut se sacrifier pour une bonne cause. » Ce sont de tels idéaux, qui sont l'essence du *Sanatana Dharma*, qu'il faut enseigner à la jeunesse. Quant à nous, soyons pour eux des modèles et pratiquons ces idéaux dans notre vie. Si les jeunes se réveillent, la nation s'éveillera, le monde s'éveillera. Mais la jeunesse d'aujourd'hui semble être en proie à une vaste épidémie. Amma ne veut pas généraliser, certains jeunes ont une autre vision de la vie et possèdent plus de maturité, mais la grande majorité des jeunes ne s'intéresse apparemment qu'à une vie où ils sont bercés, endormis. Ils considèrent des notions telles que la spiritualité, l'amour de la nation et la sainteté comme stupides. « C'est primitif ! Ce n'est pas pour nous ! C'est pour les vieux et les paresseux, » déclarent-ils. En réalité, ce sont ceux qui ridiculisent les autres et se moquent d'eux qui sont des sots. Ceux qui sont capables de voir leurs propres faiblesses, leurs propres

défauts, et d'en rire, possèdent du discernement (*viveka*). Aidons les jeunes à développer cette faculté de discerner.

Il n'existe que deux parties dans la création : *atma* et anatma, ce qui est l'*atman*, Moi, et ce qui n'est pas l'*atman*, pas Moi. En général, nous ne sommes pas très curieux d'apprendre sur nous-mêmes. Nous nous intéressons surtout aux objets et aux situations extérieures.

Un homme arrive à la frontière entre deux pays ; il conduit une moto. À l'arrière de la moto sont attachés deux gros sacs. Le douanier l'arrête et l'interroge : « Qu'est-ce qu'il y a dans les sacs ? » « Du sable, rien d'autre, » répond le motard. « Ah oui, vraiment ? Bien, bien, on va voir ça. Descendez du véhicule. »

Il prend les sacs et en verse le contenu par terre. Comme on pouvait s'y attendre, il n'y a que du sable. Le fonctionnaire décide malgré tout de mettre l'homme en prison pour la nuit, le temps de faire analyser le sable pour voir s'il ne contient pas des traces d'or, de drogue ou d'explosif. Mais on ne trouve rien et comme il n'a pas le choix, le fonctionnaire laisse partir le suspect, qui traverse la frontière avec ses sacs de sable.

Même histoire la semaine suivante. De nouveau, le douanier garde l'homme en détention pour la nuit et le laisse repartir le matin sur sa moto, avec ses deux sacs de sable. Les mois suivants, le phénomène se répète un nombre incalculable de fois. Puis plusieurs mois s'écoulent sans que l'homme repasse la frontière. Un jour, le douanier aperçoit le motard attablé dans un restaurant, de l'autre côté. Il lui dit : « Je sais bien que vous trafiquez quelque chose. Mais je ne sais pas quoi. Ça me tue ! Je n'en dors plus la nuit. Je n'arrive pas à trouver ce qui cloche. Entre nous, dites-moi, pourquoi passez-vous en contrebande du vieux sable sans valeur ? » Tout en sirotant sa boisson, l'homme sourit et lui dit : « Monsieur le douanier, ce n'est pas du sable, que je passe en contrebande ; ce sont des motos volées. »

Obnubilé par les sacs, le douanier n'a pas prêté attention à ce qui aurait dû être évident : la moto. De même, à force de nous concentrer sur l'extérieur, nous oublions notre être réel. C'est pourquoi, bien qu'il soit important de comprendre la nature des objets extérieurs, il nous faut également comprendre qui nous sommes.

Mettez en pratique les valeurs
de la spiritualité et sauvez le monde

Beaucoup de gens apprennent aujourd'hui des *asanas*[5] pour être plus beaux et plus forts. C'est la mode chez les jeunes, mais ils ne comprennent pas le principe qui est à la base du yoga, la richesse sans prix qui en est le cœur. La puissance cosmique qui crée et ordonne cet univers, afin qu'il fonctionne sans heurt, a donné aux êtres humains certaines directives ; ce sont ces directives que l'on appelle *dharma*.

Le *dharma* a un rythme, une mélodie et un timbre particuliers. Quand l'humanité ne pense plus et n'agit plus en harmonie avec le *dharma*, l'équilibre du mental humain est rompu, celui de la nature aussi. Dans notre pays, la plupart des problèmes sont causés par le fait que le mode de pensée, le mode de vie qui prédomine ne prend pas en compte notre ancienne culture. Notre jeunesse doit en prendre conscience. Si les jeunes veulent que leurs désirs soient exaucés et que leurs rêves deviennent réalité, il faut pour cela un immense pouvoir, la bénédiction de l'univers, le soutien et la protection des forces de la nature.

Nos jeunes ne sont pas des « bons à

---

[5] postures de yoga

Discours prononcé par Sri Mata Amritanandamayi

rien », ils « excellent en tout ». Ils ne sont pas « négligents », mais « négligés ». L'avenir de l'Inde et du monde entier est en eux. En eux se trouve la source de la force qu'il faut déployer pour éveiller notre société. S'ils s'éveillent, notre avenir est sauf. Sinon, l'harmonie de la vie humaine et celle de l'univers entier seront perturbés.

Un jour, un jeune de vingt-cinq ans est venu dans notre ashram. Il portait sa casquette à l'envers et il avait un point de santal sur le front. Il s'adressa à notre *sannyasi*[6] le plus ancien et lui demanda : « Monsieur, où est la cuisine de l'ashram ? »

Le *sannyasi* fut un peu interloqué, mais sans réagir, il montra simplement du doigt la direction de la cuisine. Au bout d'un moment, le jeune revint de la cuisine et le sannyasi l'appela. Il lui demanda gentiment : « Fils, comment t'appelles-tu ? » « Jnanaprakash, » répondit-il. (Le *sannyasi* songea sans doute : « Ses parents lui ont donné un beau nom, qui signifie 'la lumière de la connaissance'. Pourquoi la lumière ne brille-t-elle pas en lui ? »)

---

[6] moine

« Fils, comment appelles-tu quelqu'un qui porte une blouse blanche et un stéthoscope dans un hôpital ? » demande-t-il au jeune homme. « Un médecin » répond celui-ci.

« Et comment appelles-tu une personne qui porte un manteau noir et une cravate, dans une cour de justice ? » « Un avocat » dit-il. « Alors ignores-tu qu'on s'adresse à une personne qui porte des vêtements ocres dans un ashram en l'appelant « swami » ? »

Le jeune garda un moment le silence. Puis il s'excusa bien vite : « Je suis désolé, monsieur. » Le *sannyasi* ne put s'empêcher de rire. Ce jeune homme était un Hindou, il croyait en Dieu et possédait une certaine éducation. Et pourtant, il ne connaissait pas sa propre culture. Cette anecdote révèle une triste vérité : la jeune génération n'a pas conscience de la valeur et de la grandeur de son pays, connu comme le pays sacré des sages (*rishis*[7]) et qui a donné au monde la lumière de la spiritualité.

Comment en sommes-nous arrivés là ? Comment donner à la jeune génération la connaissance des fondements de sa culture ?

---

[7] sages anciens

Discours prononcé par Sri Mata Amritanandamayi

Notre culture védique a été un phare pour le monde entier, mais elle est maintenant en crise. Il est indispensable de la protéger. Si nous sommes prêts à faire quelques efforts à cette fin, alors le *dharma* se protègera lui-même. Mettons-nous à l'œuvre ici, dès maintenant. Mais pour que nous réussissions, nos institutions nationales doivent développer une vision du monde fondée sur des valeurs spirituelles et travailler dans l'harmonie pour améliorer le gouvernement. Ceci nous remet en mémoire le mantra que Swami Vivekananda affectionnait tant et qui est tiré d'une *Upanishad* :

« Levez-vous, réveillez-vous et ne vous arrêtez pas avant d'avoir atteint le but. » [8]

La puissance de notre mental et de notre intellect est limitée. Leur vitalité est de courte durée et elle finira par se tarir un jour.

C'est pourquoi on nous dit de placer notre foi dans l'*atma shakti*. C'est à cet éveil que ce mantra célèbre se réfère. Il est impossible de développer une foi absolue en un instant, mais quand nous agissons avec un sentiment

---

[8] uttishthata jagrata prapya varannibodhata
Katha Upanishad, 1.3.14

d'abandon de nous-mêmes, nous gagnons en force intérieure et nous avançons vers notre but. Nos ennemis ne sont pas à l'extérieur ; ils sont en nous. Nous sommes notre propre ennemi. Notre ignorance, l'esclavage dans lequel nous tiennent nos désirs et notre ignorance de la véritable nature de la vie, telles sont les faiblesses qui nous limitent.

Un instituteur demande un jour à ses élèves : « Les enfants, combien d'étoiles voyez-vous dans le ciel, la nuit ? » Un enfant répond : « Des milliers ! » Un autre : « Des millions ! » et un troisième dit : « Des milliards ! »

Finalement, le plus jeune élève répond : « Trois ! »

« Seulement trois étoiles mon petit ? demande l'instituteur, n'as-tu pas entendu tes camarades parler de milliers et de milliards ? Comment se fait-il que tu n'en voies que trois ? »

« Ce n'est pas ma faute, répond l'enfant, c'est que la fenêtre de ma chambre est très petite ! » Ainsi, nous sommes limités par le cadre de nos faiblesses. Pour les transcender, nos actions doivent être fermement ancrées dans la compréhension de la spiritualité.

Discours prononcé par Sri Mata Amritanandamayi

Le *Kali Yuga*[9] est l'âge de l'action. Agir avec la ferme intention d'atteindre grâce à ces actions un but spirituel, telle est la plus grande forme de renoncement et d'austérité que l'on peut pratiquer dans le *Kali yuga*. Nous pouvons ainsi répondre avec intelligence aux situations que la vie nous présente, au lieu de réagir dans l'émotion. En un mot, notre vie est alors guidée par le discernement (*viveka*). Pour citer les paroles de Swami Vivekananda, « Celui qui n'a pas foi en lui-même est un athée. Croire en soi signifie avoir foi dans la puissance illimitée du Soi qui est en nous. »

Trois expressions de l'amour éveillent en nous cette puissance : l'amour de soi, l'amour de Dieu et l'amour pour l'ensemble de la création. L'amour de soi, ce n'est pas l'amour égocentrique qui jaillit de l'ego. L'amour de soi, c'est l'amour de la vie ; c'est considérer la vie humaine en tant que telle, avec ses succès et ses échecs, comme une bénédiction. C'est aimer la puissance divine qui demeure en nous. Cet amour-là grandit et se transforme en amour

---

[9] Le quatrième des âges cycliques ; le Kali Yuga est l'âge du matérialisme, pendant lequel on ne pratique pas beaucoup le dharma.

de Dieu. Si ces deux éléments sont présents, le troisième, l'amour de toute la création, se manifeste naturellement.

Le foyer familial est la source où les gens puisent à la fois leurs qualités et leurs défauts. Presque tout ce qui influence la santé mentale d'un enfant vient de son environnement proche. A huit ou neuf ans, 70% des structures mentales d'un enfant sont déjà constituées.

On a beau vivre 80 ou 90 ans, dès l'âge de dix ans on a appris les leçons les plus importantes. Il en reste ensuite 30% et cet apprentissage lui-même se fonde sur les forces et les faiblesses développées dans l'enfance. Pour construire un gratte-ciel, il faut d'abord creuser des fondations solides. En vérité, la maturité, c'est la capacité de continuer à apprendre toute la vie. Elle ne vient pas avec l'âge, mais avec le désintéressement et une attitude d'acceptation entièrement libre d'idées préconçues.

La science médicale découvre chaque jour de nouvelles technologies et de nouvelles maladies. Un médecin doit donc se tenir informé de l'évolution de la recherche. Il ne peut pas déclarer : « Eh bien, c'était ainsi il y a vingt ans, il ne peut pas en être autrement aujourd'hui. »

Il est vrai que, si nous avons des objectifs matériels, nous devons d'abord rassembler des informations sur le monde extérieur. Mais lorsque notre vie est fondée exclusivement sur de telles informations, notre ego grandit. Notre vie, surtout celle des jeunes, est aujourd'hui consumée par des informations inutiles. Notre jeunesse ne croit qu'au corps et au mental. Une telle façon de penser rend les gens égoïstes et en fait des robots. En fait, grâce à la technologie de l'information, les jeunes en savent plus sur le monde que les adultes.

Un père emmène son fils, un élève de sixième, dans sa chambre pour avoir une conversation en privé avec lui. Il ferme la porte puis regarde son fils dans les yeux en disant : « Mon fils, tu as douze ans maintenant. Quand j'ai lu le récit de certains actes perpétrés de nos jours par des garçons de ton âge, quand j'en ai entendu parler, cela m'a retourné l'estomac. Je désire donc discuter avec toi de certaines choses de la vie. » Sans ciller, le garçon répond : « Bien sûr, papa, qu'est-ce que tu veux savoir ? Je te dirai tout. »

Les *rishis* de jadis savaient par expérience que le substrat de toute connaissance est la

Mettez en pratique les valeurs
de la spiritualité et sauvez le monde

pure conscience qui demeure en nous. Allier de manière harmonieuse cette compréhension aux découvertes de la science moderne, voilà une nécessité dont la génération à venir doit absolument prendre conscience. Sinon ce pays, berceau de la pensée spirituelle, sera contraint de voir grandir une génération pour qui la vie se réduit au sexe, à la drogue et à l'argent. Swami Vivekananda a déclaré : « J'aimais profondément mon pays avant de me rendre aux États-Unis et en Angleterre. Depuis mon retour, chaque particule de cette terre me semble sacrée. »

Après le drame qui a eu lieu récemment à Delhi, beaucoup d'Indiens ont honte de dire qu'ils sont indiens[10]. Nos valeurs, notre sens du dharma, l'abnégation et la compassion de nos saints et de nos sages, voilà ce que Swami Vivekananda chérissait dans ce pays. Le monde d'une personne ordinaire se limite à son foyer, son époux ou son épouse et à ses enfants, mais ceux qui souhaitent consacrer leur vie à servir transcendent ces limites et font don de leur vie

---

[10] Amma parle ici de la jeune étudiante de 23 ans, morte des suites d'un viol collectif à Delhi en décembre 2012.

à leur pays. Ceux qui sont parvenus au sommet de la spiritualité et qui sont établis dans l'état d'*advaita*[11] perçoivent la création entière comme leur famille. Pour eux, le Ciel ou l'enfer sont équivalents. De tels êtres transforment l'enfer en paradis. Cette vision de l'unité est la voie qui mène à une transformation bénéfique.

L'université dirigée par notre ashram a cinq campus. Certains étudiants sont un jour venus dire à Amma qu'ils ne voulaient plus porter d'uniforme. Amma leur a posé la question suivante : « Le vrai but de l'éducation est-il uniquement d'obtenir un diplôme, de décrocher un bon emploi et de gagner beaucoup d'argent ? Non. Il s'agit d'acquérir des connaissances et des valeurs, et de développer de la compassion envers tous. » Puis Amma a donné aux étudiants des exemples de ce qui s'était passé dans certaines universités, gérées par d'autres institutions et où le port de l'uniforme n'était pas obligatoire. Dans un de ces établissements, de nombreux étudiants avaient fait de gros emprunts pour financer leurs études et leur

---

[11] La compréhension que l'individu, Dieu et l'univers ne sont pas deux choses différentes mais qu'en essence, tout est Un.

budget était donc très réduit. Quand ils ont vu leurs camarades porter des vêtements dernier cri et très chers, ils ont voulu en faire autant. Le complexe d'infériorité qu'ils éprouvaient parce qu'ils ne pouvaient pas s'offrir de tels vêtements a poussé certains d'entre eux à gagner de l'argent en vendant de la drogue, y compris à leurs condisciples, et certains sont devenus dépendants. Certains volèrent, d'autres encore se suicidèrent. Un étudiant d'une autre université, très pauvre et qui voulait désespérément être comme les autres, envoya à Amma une lettre alarmante de sa prison : il avait essayé de voler le collier en or d'une femme et l'avait tuée accidentellement. Amma a demandé aux étudiants : « Voulez-vous créer une situation où les autres étudiants risquent de faire de mauvais choix ou bien préférez-vous encore porter un uniforme ? » Les étudiants ont compris à quel point il est important de respecter les sentiments d'autrui, et ont répondu à l'unanimité qu'ils préféraient porter un uniforme.

Derrière les différences, il nous faut reconnaître l'unité qui en est le substrat. Cela nous aidera. Même si nous voyons mille soleils reflétés dans mille pots remplis d'eau, il n'existe qu'un seul soleil. Lorsque nous verrons que la conscience qui est en chacun de nous est la même, qu'elle est unique, alors nous serons capables de prendre en compte les besoins des autres avant les nôtres. Si par exemple nous avons besoin d'une montre, une montre à 50 roupies ou une montre à 50 000 roupies indiquent l'heure aussi bien l'une que l'autre. Si nous achetons la montre à 50 roupies et employons le reste à aider les pauvres, nous rendrons un grand service à la société.

Dans la création, tout est doté de vie, de conscience. Comment prouver cette grande vérité ? Ni les paroles, ni le mental, ni l'intellect n'en sont capables. Ils sont limités. L'amour est le phare le plus ancien et le plus moderne à la fois. Seul l'amour peut élever le mental humain des bas-fonds jusqu'au royaume infini du Soi. De plus, l'amour est le seul langage qui soit compris de toute de la création : c'est le langage universel du cœur. « Amour », « bénédiction », « grâce » et « compassion » sont en fait synonymes du mot Dieu. Ces qualités, ou Dieu, ne sont pas multiples mais Un. Cette grâce, cette bénédiction est partout présente, dans chaque atome. Quand nous accomplissons notre *dharma* avec joie, le cœur ouvert, cette puissance et cette grâce pénètrent en nous.

Un poisson qui nage joyeusement dans la mer oublie la mer, mais quand il est jeté violemment sur le sable chaud de la rive, il se la rappelle aussitôt. Cependant, il n'existe pas de rive éloignée de Dieu sur laquelle on puisse nous jeter car Dieu est un océan infini, sans rivage. Chacun de nous est une vague dans cet océan. De même que l'océan, les vagues et l'eau ne font qu'un, nous aussi, nous ne faisons qu'un avec Dieu. Nous sommes des incarnations du Divin.

Les *asuras*[12] sont ceux qui ont chuté par manque de discernement (*viveka*) et ont dû quitter le royaume des *devas*[13]. Aujourd'hui, l'être humain, qui est une incarnation de Dieu, se comporte comme un *asura*. De nombreux faits par le passé et, plus encore, des évènements actuels, prouvent que les *asuras* s'incarnent sous la forme d'êtres humains.

Chaque jour, nous apprenons des faits divers qui ternissent le nom de notre culture

---

[12] démons
[13] êtres célestes

éternelle, de notre culture qui enseigne à vénérer toutes les femmes comme des mères, comme des déesses, comme des amies intimes auxquelles nous pouvons ouvrir notre cœur. Le drame atroce qui s'est déroulé récemment à Delhi peut-il être autre chose que le produit du mental d'*asuras* ? Jamais, dans l'histoire, une culture qui ne respectait pas les femmes n'a été florissante. Ces cultures finissent toujours par s'effondrer. Si nous lisons le *Ramayana* ou le *Mahabharata*[14] ou encore si nous examinons le millénaire qui vient de s'écouler, nous voyons que de vastes empires et de vaillants empereurs sont tombés parce qu'ils ne respectaient pas les femmes et la maternité.

Ce pays a connu le grand renoncement, les austérités et la charité (*maha-tyaga*, *tapas* et *danam*) de nos *rishis*. Il est grand temps que les citoyens de l'Inde transforment leur mental. Si nous tardons encore, nous allons au désastre.

Quand un enfant traverse les différentes étapes de sa croissance, essaye de se tourner, apprend à marcher à quatre pattes puis quand il se met à marcher debout, il ressemble à un

---

[14] les épopées de l'Inde

soldat qui ne s'avoue jamais vaincu. Mais aujourd'hui, une fois qu'il est adulte, qu'il atteint l'âge mûr puis celui de la retraite, il a la mentalité d'un homme d'affaires. Tout est pour lui un commerce, y compris ses relations familiales. Qui est responsable de cette situation ? Notre société, nos parents, nos aînés, notre système éducatif, notre imitation aveugle d'autrui et notre façon de vivre qui ne respecte pas la culture indienne. Tout cela engendre la peur, l'anxiété et la lâcheté. L'humanité perd la force d'envisager la vie comme une aventure, un défi qu'il faut affronter avec courage. Le mental n'est plus capable de reconnaître l'existence des autres ni de prendre leurs sentiments en considération. Il y a sept milliards d'humains sur la planète mais presque personne ne pense aux autres. Il n'y a ni amitié, ni famille authentique, ni unité. Nous avons quitté le troupeau et chacun de nous se comporte comme un éléphant fou, qui saccage tout sur son passage.

Dans le *Sanatana dharma*, le Créateur et la création ne sont pas séparés ; ils ne font qu'Un. De même qu'il n'y a aucune différence entre l'or et les bijoux en or, il n'y a pas de différence entre le Créateur (Dieu), et la création (le monde).

L'effet ne peut pas être différent de la cause, qui est son fondement. Le *Sanatana dharma* est la seule philosophie qui nous enseigne à considérer nara (l'être humain) comme *Narayana* (Dieu). C'est la seule religion qui vénère même l'aspect sans forme, sans attribut de Dieu (*nirgunam*). Peu importe la distance qui sépare un homme de sa bien-aimée, s'il contemple le mouchoir qu'elle lui a donné, il ressent une grande joie. Ce qui le rend heureux, ce n'est pas le tissu ni les broderies qui ornent le mouchoir, c'est le souvenir de sa bien-aimée. Ainsi, quelle que soit la forme sous laquelle nous imaginons Dieu, nous faisons en réalité l'expérience de la présence divine, pleine d'amour.

Nous possédons une tradition fort ancienne de respect et de vénération de la nature et de tous les êtres vivants. Nos ancêtres bâtissaient des temples pour les arbres, les oiseaux et même pour les serpents venimeux. Ils vénéraient ces créatures. Une abeille paraît minuscule mais sans elle, il n'y aurait plus de pollinisation et des espèces entières disparaîtraient. Si le moteur d'un avion tombe en panne, l'avion ne peut pas décoller. En réalité, l'absence d'une seule vis, d'importance cruciale, peut avoir le même effet. Pouvons-nous jeter la vis en disant que contrairement au moteur, c'est un petit objet sans importance ? En vérité, elle a sa fonction et son importance. Rien n'est insignifiant.

Mère nature, qui telle la vache qui exauce tous les désirs (*kamadhenu*) répandait sur nous ses bénédictions, est devenue une vieille vache tarie. Aujourd'hui on considère la protection de l'environnement comme une idée moderne. Quelle ironie, quand on songe que la protection de l'environnement est une partie intégrante et très ancienne de notre culture. La seule différence, c'est qu'autrefois, nous protégions la nature parce que nous considérions tous les aspects de la création comme divins. Puis nous avons décidé que cette façon de penser était primitive et nous avons agi en conséquence. Aujourd'hui, notre concept de la protection de la nature n'inclut plus la vénération qui en était jadis le fondement. C'est pourquoi toutes nos tentatives dans cette direction échouent.

Deux oiseaux, perchés en haut d'un immeuble, conversaient. Un oiseau demanda à l'autre : « Où est ton nid ? » L'autre lui répondit : « Je n'ai pas encore de nid ni de famille. Je ne parviens pas à récolter assez de nectar

Discours prononcé par Sri Mata Amritanandamayi

sur les fleurs pour me rassasier. Il y a quelques jours, je suis parti en quête de nectar, j'ai trouvé un magnifique jardin devant une maison. Tout heureux, je suis descendu dans sa direction, mais en approchant, j'ai découvert que ce jardin était artificiel. Toutes les fleurs étaient en plastique. Une autre fois, j'ai trouvé un autre jardin multicolore. Mais quand j'ai voulu boire le nectar d'une de ses fleurs, je me suis coupé le bec. Les fleurs étaient en verre ! Un autre jour, j'ai repéré un vrai jardin, plein de fleurs splendides. Affamé, je me suis approché mais je suis vite reparti en voyant un homme répandre des engrais chimiques et des pesticides. J'aurais pu mourir ! Je suis rentré déçu. Il y a très peu de fleurs aujourd'hui et celles qui restent sont de cette sorte ! Comment puis-je espérer avoir un nid et élever une famille ? Avec quoi nourrirais-je mes oisillons ?

A ces plaintes, son ami répondit : « Tu as tout à fait raison. Il y a des jours maintenant que j'essaye de construire un nid mais je ne trouve pas de branches. Le nombre d'arbres diminue. Si cela continue, il faudra que je construise mon nid avec des bouts de plastique et de fer. »

Notre situation est tout aussi pathétique

que celle de ces deux petits oiseaux. Il ne suffit pas d'avoir des enfants, encore faut-il s'assurer qu'ils ont un avenir. Au cours des 25 années écoulées, nous avons détruit 40% des forêts. La quantité disponible de combustible et d'eau diminue. Ceux qui auront à subir les terribles conséquences de ce problème, ce sont nos enfants et petits-enfants. Comprenons cela, réveillons-nous et agissons. Notre jeunesse devrait être à l'avant-garde de toutes les campagnes de protection de l'eau, de l'énergie et de la forêt.

Le désir sexuel est comme une faim ; il est présent chez tous les humains. Toutefois par le passé, les êtres humains fondaient leur vie sur les valeurs spirituelles et parvenaient à maîtriser ce désir. Quand Amma était enfant, Damayanti Amma[15] disait : « N'urinez jamais dans la rivière, la rivière est Devi[16]. » Alors, quand nous allions nager dans la lagune, même si l'eau était froide, nous nous rappelions ces paroles et nous parvenions à nous contrôler. Quand

---

[15] la mère d'Amma
[16] La Mère divine

Discours prononcé par Sri Mata Amritanandamayi

on a du respect pour une rivière, quand on la vénère, on ne la salit pas, on ne la profane pas.

Malheureusement, la société actuelle est dépourvue de valeurs. Des faits tels que ceux qui se sont déroulés récemment à Delhi en sont la preuve. Aujourd'hui, les jeunes passent leur temps libre à naviguer sur Internet à la recherche de pornographie. Autant mettre de l'huile sur le feu ; cela ne fait qu'augmenter leur concupiscence. Certains adolescents ont même avoué à Amma qu'après avoir regardé de telles images, ils avaient eu des pensées impures envers leurs propres sœurs. Ils perdent tout discernement (*viveka*). Leur état est celui d'un singe ivre qui a été piqué par un scorpion et qui reçoit une noix de coco sur la tête. Notre jeunesse ressemble à un satellite pris dans le champ de gravitation de la terre. Pour qu'elle se libère de cette force d'attraction, il lui faut la fusée pilote des valeurs de la spiritualité. Les parents réprimandent leurs enfants en leur disant : « Arrête de jouer et apprends tes leçons ! ». Ils devraient également insister pour que leurs enfants assimilent ces valeurs. Quand elles sont encore jeunes et malléables, les mères devraient dire à leurs filles : « Sois intrépide. Ne laisse personne t'écraser. Sois forte et courageuse. » Et les parents devraient enseigner à leurs fils la nécessité de protéger et de respecter les femmes. Aujourd'hui, de nombreux hommes sont comme des routes à une voie ; il faut qu'ils deviennent comme des autoroutes et permettent aux femmes d'avancer avec eux, à leurs côtés. Le gouvernement peut bien prendre toutes les mesures législatives possibles et imposer des peines lourdes à ceux qui commettent des abus sexuels, si nous n'éduquons pas nos enfants en leur inculquant ces valeurs, aucun changement réel ne se produira. Le gouvernement doit organiser des réunions pour décider quelle est la meilleure méthode pour protéger le mental encore impressionnable de nos jeunes des images trop explicites que l'on trouve sur Internet.

Autrefois, tous les élèves des écoles faisaient un peu de service pour la communauté. Amma a le sentiment qu'il faudrait réinstaurer cette obligation.

Si toutes les écoles emmenaient les élèves nettoyer les rues et planter des arbres au moins deux heures par semaine, le problème de la pollution en serait un peu allégé. Il faudrait leur

Discours prononcé par Sri Mata Amritanandamayi

---

donner des notes pour ce service. Cela aiderait les enfants à développer une attitude de service envers la société alors qu'ils sont encore à un âge tendre.

La religion est aujourd'hui devenue une marchandise parmi d'autres, que l'on vend sur la place du marché. « Cette religion est de bonne qualité, celle-là ne vaut rien, » c'est ainsi que certains vantent leur religion. Cela revient à dire : « Ma mère est une sainte, la tienne est une prostituée. » La religion ne doit pas servir à construire des murs, mais des ponts, à rapprocher des gens qui s'étaient brouillés. Pour cela, chacun doit s'efforcer de comprendre les principes essentiels de la religion : le message d'amour et de compassion. Ainsi, la vie et les enseignements de Swami Vivekananda devraient devenir une source d'inspiration pour tous.

Pour terminer, Amma voudrait suggérer une mesure qui, lui semble-t-il, serait utile à notre société. De même que les jeunes médecins doivent obligatoirement servir un an dans les zones rurales, dans chaque famille, au moins un des enfants devrait en faire autant après son bac. Des bourses allouées par le gouvernement permettraient de financer cette aide.

Ces jeunes gens devraient vivre avec les pauvres et comprendre les problèmes auxquels ils sont confrontés, s'efforcer de trouver des solutions pour les aider. Ainsi, nous pourrons éveiller la compassion chez les jeunes, aider les pauvres et rendre la croissance du pays harmonieuse, globale. Si les retraités aussi consacraient un an de leur vie au service des pauvres, cela aurait un impact encore plus fort sur le pays. Si vous y réfléchissez bien, y a-t-il la moindre différence entre un être humain et un ver ? Les vers aussi mangent, dorment, défèquent, se reproduisent et enfin meurent. Ayant reçu le don précieux d'une vie humaine, n'allons-nous rien faire de plus ? Non. En outre, sous l'emprise de sentiments négatifs tels que la colère, la jalousie et la haine, nous créons de nouvelles tendances ou *vasanas*[17]. Les vers, eux au moins, ne font pas cela. Voilà une chose sur laquelle nous devrions tous méditer.

Vivons d'une manière qui soit bénéfique à nous-mêmes et aux autres. Dieu n'a accordé

---

[17] tendances négatives

Discours prononcé par Sri Mata Amritanandamayi

à l'éclair que quelques secondes d'existence. L'arc en ciel, lui aussi, ne dure que quelques instants et certaines fleurs ne fleurissent qu'un jour. La pleine lune disparaît au lever du soleil et un papillon ne vit que quelques jours. Mais au cours de leur brève existence, ils donnent au monde tant de beauté et de bonheur ! Amma prie afin que nous puissions suivre leur exemple et employer notre vie à rendre le monde encore plus beau. Mettons sur nos lèvres la couleur des paroles de vérité, dessinons les contours de nos yeux avec le collyre (*anjanam*) de la compassion. Décorons nos mains avec le henné des bonnes actions.

Insufflons à nos esprits la douceur de l'humilité et nous serons bénis ! Que la lumière de l'amour de Dieu et de la création toute entière illumine notre cœur ! Ainsi, nous pourrons transformer le monde en paradis. Il faut que l'Inde se lève. « Il faut que l'Inde se lève. Il faut que la voix de la connaissance, de la réalisation du Soi et les paroles prononcées naguère par nos *rishis* (sages) soient de nouveau entendues et retentissent dans le monde entier ! Pour y parvenir, il nous faut œuvrer ensemble, dans l'unité.

Mettez en pratique les valeurs de la spiritualité et sauvez le monde

Puisse ce pays qui a enseigné au monde le véritable sens du mot « acceptation » demeurer fermement établi dans cette vertu. Puisse la conque du *Sanatana Dharma* résonner, annonçant solennellement une renaissance dont les échos se feront entendre dans le monde entier. Swami Vivekananda est apparu comme un arc en ciel à l'horizon de l'humanité pour nous permettre de comprendre la beauté d'une vie d'action alliée à la compassion et à la méditation.

Ainsi, puisse le splendide rêve d'amour, d'intrépidité et d'unité que nourrissait Swami Vivekananda devenir une réalité. Puisse le *Paramatman*[18] donner à chacun la force de développer ces qualités.

---

[18] l'âme suprême, Dieu

www.ingramcontent.com/pod-product-compliance
Lightning Source LLC
Chambersburg PA
CBHW070635050426
42450CB00011B/3202